Franz Brandl

Milch shakes

- Mix it! Powerdrinks vom Feinsten
- Mit Milch, Joghurt, Sahne & Co. – mit und ohne Alkohol

Weltbild

Inhalt

Bis in die 1980er Jahre erlaubte das damals noch eintönige Angebot an Sirupen und Fruchtsäften keine große Kreativität beim Mixen mit Milch. In der heutigen Zeit, in der jede Art von Sirup und Fruchtsaft angeboten wird, lassen sich unzählige alkoholische und alkoholfreie Mixdrinks in jeder Farbe und Geschmacksrichtung zubereiten. Auch die Milch kam dadurch wieder mehr zum Zug, denn köstlich wird's, wenn Milch, Sirup und Fruchtsaft sich treffen.

Mixen mit Milch

Tipps zur Zubereitung
Rühren 6
Schütteln 6
Zubereitung im Elektromixer 6
Barutensilien 8
Gläser 8
Zubehör 9

Landliebe 10

Warenkunde
Wie Milch bearbeitet wird 12
Praktische Gesundheitstipps 14
Verschiedene Milcharten 14
Der Fettgehalt der Milch 15

Inhalt **3**

Milchshakes mit Alkohol

Cocktailklassiker mit Sahne 16
Fruchtige Longdrinks mit Schuss 28
Coole Drinks mit Eiscreme 34
Neue Kreationen 40
Heiße Drinks 50

Milchshakes ohne Alkohol

Fruchtige Longdrinks mit Milch 52
Exotische Longdrinks mit Sahne 68
Gehaltvolle Joghurtdrinks 74
Köstliche Milchshakes mit Eiscreme 86
Power-Drinks mit Buttermilch und Quark 96

Molkereiprodukte-Abc 106

Über dieses Buch 114
Rezepte- und Sachregister 115

Zeichenerklärung

① Barlöffel
② Elektromixer
③ Boston-Shaker
④ Eiswürfel
⑤ Crushed Ice
⑥ Longdrinkglas
⑦ Stielglas
⑧ Fancyglas
⑨ Cocktailschale
⑩ Tumbler
⑪ Glas für Heißgetränke

Mixen mit Milch

Das geänderte Konsumverhalten, die Aufgeschlossenheit der Jugendlichen, die zahlreichen Bücher zum Thema »Mixen« und letztendlich das ständig erweiterte Angebot der Getränkeindustrie sorgten ab den 1980er Jahren für Bewegung in der Sparte Mixgetränke. Viele neue Liköre, Sirupe und Fruchtsäfte erlaubten neue Rezepturen und Fruchtsaucen; Eiscreme und vorher nicht erhältliche exotische Früchte erweiterten die Möglichkeiten zum Mixen. Bis zu diesem Zeitpunkt wurden auch die alkoholfreien Mixgetränke sträflich vernachlässigt – hier war ebenfalls das eintönige Angebot die Ursache. Zwar kannte jedermann den Geschmack der Milch, eines Sirups mit Mineralwasser oder den der damals erhältlichen Fruchtsäfte, aber die Kombinationen dieser drei Komponenten war Neuland. Zugleich mit dem in dieser Zeit wichtiger werdenden Thema »Gesundheit« (und die Angst um den Führerschein) ließen die alkohol-

freien Mixgetränke einen nicht für möglich gehaltenen Aufschwung erleben.

Erst nur mit wenigen Rezepten auf den Barkarten vertreten, schuf die Nachfrage nach diesen Drinks eine Getränkekategorie, die heute in gastronomischen Betrieben ein wesentlicher Umsatzfaktor ist.

Der gesunde Fitmacher **5**

Auch im privaten Bereich ließen sich ohne großen Aufwand abwechslungsreiche Drinks mixen. In dieser Zeit des großen Aufbruchs kam auch die Milch wieder zum Zug. Sie verbindet sich mit Sirupen und Fruchtsäften zu feinen Drinks, und ihre Einsetzbarkeit ist fast grenzenlos. Des Weiteren führt sie auf eine angenehme und köstliche Weise dem Körper wichtige Stoffe zu.
Ich hoffe, dass ich Ihnen mit diesem Buch einige nützliche Anregungen geben kann, und wünsche Ihnen – mit oder ohne Alkohol – ein fröhliches »good shake it«.
Franz Brandl

Tipps zur Zubereitung

Rühren direkt im Trinkglas
In das jeweilige Trinkglas – mit oder ohne Eis – gibt man die Zutaten und rührt mit einem Barlöffel – je nach Rezept – mehr oder weniger kräftig um. Dann wird mit Früchten garniert, oder es werden Früchte dazugegeben.

Schütteln im Shaker
Beim Schütteln gibt man zuerst Eiswürfel in das Unterteil des Shakers und gießt die Zutaten dazu ❶. Dann wird der Shaker geschlossen und in waagerechter Haltung in Schulterhöhe kräftig geschüttelt ❷. Nach dem Absetzen wird der Shaker geöffnet und durch das Barsieb in das Trinkglas – meist auf frische Eiswürfel – abgegossen ❸. Zum Schluss wird mit Früchten dekoriert.

Zubereitung im Elektromixer
In den Aufsatz des Elektromixers werden Eiswürfel und die Zutaten gegeben ❹. Dann lässt man den

Mixpraxis **7**

Elektromixer laufen ❺, bis alles gut vermischt und gekühlt ist. Abgegossen wird die gesamte Mischung in Gläser – mit oder ohne frisches Eis ❻. Zuletzt wird der Drink mit Früchten verziert.

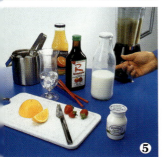

Profitipp

Die Hausbar

Die Einrichtung einer Hausbar ist nicht so aufwändig, wie man denkt. Das Herz der Ausstattung sind der Cocktailshaker und das Barsieb, und als weitere größere Anschaffung – wenn noch nicht vorhanden – empfiehlt sich ein Elektromixer. Damit ist der Grundstein gelegt, und das restliche Zubehör wie Schneidebrett, Messglas, Barlöffel und Trinkhalme ist ja meist schon im Haushalt vorhanden.

Barutensilien

Das wichtigste Arbeitsgerät des Barmixers ist der Shaker. Beim dreiteiligen Shaker ist das Sieb im Mittelteil bereits eingebaut. Der zweiteilige Boston-Shaker besteht aus einem Edelstahl- und einem Glasteil, und man benötigt zusätzlich ein Barsieb. Shaker und Elektromixer sind das Herzstück der Ausrüstung. Außerdem benötigt man ein kleines Schneidebrett, ein Barmesser, einen Barlöffel, Flaschenöffner, Messbecher und eine Muskatreibe. Mit einer Eiszange oder Eisschaufel und einem Gefäß für das Eis ist die Ausstattung komplett. Mit Ausnahme des Shakers und des Barsiebs (Strainer) finden sich die meisten Gerätschaften in irgendeiner Form im Haushalt.

Gläser

Das Sortiment an Gläsern hält sich in Grenzen. Longdrinkgläser in verschiedenen Größen und Formen sind die meistverwendete

Art. Aber auch Tumbler, Stielgläser und Cocktailschalen werden benötigt. Fancygläser werten durch ihre ausgefallenen Formen jedes Getränk noch etwas auf. Für Heißgetränke können auch Henkelgläser oder Tassen verwendet werden. In der Regel eignen sich die meisten Glasformen für verschiedene Getränkearten. So kann

statt einer Schale meistens auch ein Kelch- oder ein Weinglas verwendet werden. Auch Longdrinks kann man zum Teil in Biertulpen oder Ballongläsern servieren. Im Rezepteteil des Buchs erhalten Sie einige Anregungen, wie sich die verschiedenen Gläser einsetzen lassen. Erlaubt ist alles, was gefällt.

Zubehör

Zum Aufspießen von Früchten benötigt man Cocktailspieße aus Plastik oder Holz. Trinkhalme in verschiedenen Farben und lange Stirrer (Rührstäbe) unterstützen die Optik und eignen sich als Zugabe zu kohlensäurehaltigen Drinks.

Landliebe

Hinter dieser erfolgreichen Marke steht ein innovatives und modernes Molkereiunternehmen: die Campina GmbH. Landliebe ist jedoch nicht das einzige Produkt der Heilbronner Firma. Neben der beliebtesten Marke im deutschen Kühlregal sind noch Puddis, Fruttis und Südmilch zu nennen – vier Marken, die überall im Handel zu finden sind. Doch Premiummarke der Campina GmbH ist die für besonders hohe Qualität stehende Landliebe.

Gemäß der Firmenphilosophie werden nur Produkte angeboten, die schmecken, wie damals auf dem Land zubereitet. Für deren Herstellung werden nur ausgewählte und erlesene Zutaten höchster Qualität verwendet, die den folgenden Kriterien entsprechen:

- Die Landliebe Landmilch ist als Endprodukt oder als Basis für weitere Produkte des Sortiments mit mindestens 3,8 % Fett im Fettgehalt naturbelassen; tatsächlich liegt der Wert bei durchschnittlich 4,2 %.

Eine feine Marke **11**

- Alle Bauernhöfe, die Milch für Landliebe-Produkte liefern dürfen, werden nach den strengen Richtlinien der Campina GmbH ausgewählt und kontrolliert.
- In allen Landliebe-Produkten wird auf Zusätze wie Konservierungsstoffe, künstliche Farbstoffe, naturidentische Aromen und Gelatine verzichtet. Es werden nur natürliche Aromen, ausgewählte Fruchtzubereitungen und erlesene Zutaten verwendet.
- Die ausgewählten Fruchtzubereitungen und Kräutermischungen werden nach speziellen Vorgaben und nur von zuverlässigen Lieferanten bezogen.
- Bei der Herstellung orientiert sich Landliebe an traditionellen Verfahren, die eine sorgfältige und schonende Zubereitung der Produkte gewährleisten.

Seit mehr als 20 Jahren steht Landliebe entsprechend der Unternehmensphilosophie für Qualität und Genuss. 1980 wurde die Marke in Baden-Württemberg und Rheinland-Pfalz als Premiumsortiment mit überlegenem rahmigen Geschmack eingeführt. Sieben Jahre später wurde der Klassiker – die Landliebe Milch in der Ein-Liter-Mehrwegflasche – auf den Markt gebracht. 1991 verließ die Marke ihr Stammgebiet und wurde im gesamten Bundesgebiet ausgeliefert. Im gleichen Jahr gelang die erfolgreiche Einführung des Fruchtjoghurts im 500-Gramm-Mehrwegglas. Von 1992 bis heute entwickelte sich Landliebe zu einer der umsatzstärksten Premiummarken für frische Milchprodukte. Seitdem wurden zahlreiche Produkte wie z. B. der Landliebe Sahne- und Griespudding, der Landliebe Rahmjoghurt und der Landliebe Landkäse eingeführt. Im Jahr 2000 entwickelte sich Landliebe dank seiner beliebten Desserts zum Marktführer bei Desserts mit Sahne. Mit der Einführung zahlreicher Innovationen – wie z. B. dem Landliebe Milchreis und den Landliebe Drinks – werden die Erfolge der vergangenen Jahre fortgeführt.

Warenkunde

Wie Milch bearbeitet wird

Die Bearbeitung von Milch ist gesetzlich vorgeschrieben. Sie umfasst das Reinigen, Erhitzen und erneute Abkühlen der Milch. Die Reinigung der Milch auf dem Bauernhof hält nur größere Schmutzteilchen zurück. Deshalb wird in der Molkerei zusätzlich eine Feinreinigung per Zentrifuge durchgeführt.
Bei dieser Feinreinigung werden mit 6500 Umdrehungen pro Minute Verunreinigungen aus der Milch entfernt; außerdem wird die Milch in Magermilch und Rahm getrennt. Um den Fettgehalt des Endprodukts einzustellen, wird der Magermilch der Rahm nach der Feinreinigung wieder zugeführt.

Das Homogenisieren gehört zur Milchbearbeitung wie das Euter zur Kuh. Sinn und Zweck der Homogenisierung ist, das Absetzen des Fettes zu verlangsamen. Dies geschieht, indem die Milch bei 50 – 70 °C unter Druck durch eine feine Düse gepresst wird. Dabei werden die Fettkügelchen so fein zerkleinert, dass sich das Milchfett nicht mehr so schnell als Rahmschicht absetzt. Auch der Geschmack wird dadurch vollmundiger.
Milch gehört zu den leicht verderblichen Lebensmitteln. Selbst bei sauberster Milchgewinnung gelangen auf dem Bauernhof Keime in die Milch. Durch Erhitzung werden aber nicht nur die Krankheitserreger in der Milch abgetötet; auch die Haltbarkeit der Milch wird entscheidend verlängert.

Homogenisieren und Erhitzen

Man unterscheidet dabei zwischen verschiedenen Verfahren. Das Pasteurisieren ist nach dem französischen Chemiker Louis Pasteur benannt. Dabei wird die Milch auf weniger als 100 °C meist nur für kurze Zeit erhitzt (72–75 °C, für 15–20 Sekunden). Dabei werden jedoch nicht alle Mikroorganismen abgetötet, so dass auch die pasteurisierte Milch im Kühlschrank aufbewahrt werden muss. Hier ist sie ungefähr fünf Tage lang haltbar. Beim Ultrahocherhitzen wird die Milch für gut eine Sekunde auf Temperaturen zwischen 135 und 150 °C gebracht. Dann heißt sie H-Milch (haltbare Milch). Sie wird unter sterilen Bedingungen abgefüllt und verpackt und enthält in der Regel keine schädlichen Keime mehr. Nun ist sie bis zu acht Wochen haltbar.

Das Sterilisieren funktioniert ähnlich wie das Einkochen im Haushalt: durch Erhitzen in einem geschlossenen Gefäß (30 Minuten, bei 110–120 °C). Sterilisierte Milch enthält keine lebenden Keime mehr; sie ist mehrere Monate lang haltbar.

Praktische Gesundheitstipps

Milch enthält fast alle Nährstoffe, die der Mensch zum Leben braucht: Eiweiß (Protein), Fett, Kohlenhydrate, Mineralstoffe und Vitamine.

Das Milcheiweiß ist besonders wertvoll, weil darin alle lebensnotwendigen Eiweißbausteine vorkommen. Der Wert von pflanzlichem Eiweiß lässt sich noch steigern, wenn mit pflanzlichen Produkten gleichzeitig auch Milch oder Milcherzeugnisse verzehrt werden.

Milchfett ist gut bekömmlich und leicht verdaulich. Das liegt an der feinen Verteilung des Fettes und seiner Zusammensetzung. Das Fett ist dafür verantwortlich, dass die Milch vollmundiger schmeckt. Das Kohlenhydrat der Milch, der Milchzucker, liefert nicht nur Energie, sondern hat auch einen günstigen Einfluss auf die Darmbakterien. Seine Süßkraft ist relativ gering.

Milch enthält die Mineralstoffe Kalzium und Phosphor in einem gut abgestimmten Mengenverhältnis zueinander. Beide Stoffe sind für Aufbau und Erhalt von Knochen und Zähnen unverzichtbar. Ohne den täglichen Verzehr von Milch und Milcherzeugnissen könnte der Bedarf an Kalzium nicht gedeckt werden.

In der Milch stecken auch jede Menge Vitamine. Die Vitamine A, D und E sind fettlöslich. Sie sind – ebenso wie wasserlösliche Vitamine der B-Gruppe und in geringer Menge Vitamin C – in Vollmilch und Vollmilchprodukten enthalten.

Verschiedene Milcharten

Dem Milchkonsumenten steht eine große Auswahl an frischen und haltbaren Milchsorten zur Verfügung. Kriterium dafür, dass eine Milch als Konsummilch bezeichnet werden darf, ist ihre Wärmebehandlung, wobei man zwischen verschiedenen Wärmebehandlungen unterscheidet:

Die so genannte Rohmilch ist weder erhitzt noch in der Molkerei bearbeitet. Sie darf wegen möglicher krankheitserregender Keime nur in einzelnen Ausnahmefällen direkt vom Erzeuger als »Milch ab Hof« an den Verbraucher abgegeben werden. Vorzugsmilch ist eine amtlich besonders überwachte Milchsorte, die in ihrer natürlichen Beschaffenheit mit unverändertem Fettgehalt roh (nicht erhitzt) in den Verkehr gebracht wird. Deshalb sind bei Rohmilch die Anforderungen an die Gesundheit der Kühe, an die Überprüfung und Beschaffenheit der Milch, kurz an die »Milchhygiene« besonders streng. Im Gegensatz zu Rohmilch wird Vorzugsmilch jedoch im Handel in einer verkaufsfertigen Verpackung und in gekühlten Regalen angeboten. Wärmebehandelte Konsummilch ist molkereimäßig bearbeitet und nach einem der amtlich anerkannten Wärmebehandlungsverfahren entweder pasteurisiert, ultrahocherhitzt oder sterilisiert worden.

Der Fettgehalt der Milch

Man unterscheidet prinzipiell vier Fettgehaltsstufen:

- Vollmilch mit natürlichem Fettgehalt, der mindestens 3,5 % betragen soll (tatsächlich sind es aber meist über 3,7 %)
- Vollmilch mit einem auf mindestens 3,5 % eingestellten Fettgehalt
- Teilentrahmte (fettarme) Milch, die einen Fettgehalt von mindestens 1,5 % und höchstens 1,8 % aufweist
- Entrahmte Milch (Magermilch), die höchstens 0,3 % Fett enthält

Grasshopper

4–6 cl Sahne
3 cl Peppermint Liqueur
3 cl Crème de Cacao, weiß
1 frischer Minzezweig zum Garnieren

So wird's gemacht
Die Zutaten mit Eiswürfeln im Shaker kräftig schütteln und durch das Barsieb in eine Cocktailschale abgießen. Mit dem frischen Minzezweig garnieren.

Profitipp

Bols Liqueure

1575 eröffnete Lucas Bols einen kleinen Brennbetrieb am Stadtrand von Amsterdam. In einem Holzschuppen begann die Geschichte eines der größten Likörproduzenten der heutigen Zeit. Bis 1969 produzierte Bols an dieser Stelle, seit 1997 befindet sich der Stammsitz in Zoetermeer bei Amsterdam. Bols nimmt seit jeher als Liköranbieter in Deutschland den führenden Platz ein. Über 100 Jahre, von 1890 bis 1995, betrieb Bols in Deutschland eigene Produktionsstätten, und seither beliefert Bols den deutschen Markt direkt aus Amsterdam.

18 *Cocktailklassiker mit Sahne*

Golden Dream

3 cl Sahne
3 cl Galliano
3 cl Triple Sec Curaçao
3 cl Orangensaft

So wird's gemacht
Sahne, Galliano, Triple Sec Curaçao und Orangensaft mit einigen Eiswürfeln im Shaker kräftig schütteln und durch das Barsieb in eine Cocktailschale abgießen.

White Russian

3 cl Wodka
3 cl Kahlúa Kaffeelikör
Leicht geschlagene Sahne

So wird's gemacht
Den Wodka und den Kaffeelikör mit Eiswürfeln im Glasteil des Bostonshakers vermischen und durch das Barsieb in ein Stielglas abgießen. Mit einem Barlöffel die Sahne darauf geben.

Cocktailklassiker mit Sahne

Swimming Pool

- 2 cl Sahne
- 4 cl Wodka
- 2 cl Blue Curaçao
- 4 cl Kokossirup
- 12 cl Ananassaft
- 1 Ananasstück und
- 1 Cocktailkirsche zum Garnieren

So wird's gemacht
Alle Zutaten mit einigen Eiswürfeln im Elektromixer (oder Shaker) gut durchmixen. Ein großes Longdrinkglas zur Hälfte mit grob zerschlagenen Eiswürfeln füllen und die Mischung dazugießen. Das Ananasstück mit der Cocktailkirsche an den Glasrand stecken. Trinkhalme dazugeben.

Profitipp

Die Farbe Blau

Oftmals wird ein Drink nach seiner Farbe ausgewählt – und es ist ärgerlich, wenn man mit dem Blue Curaçao einen grünen Drink erhält. Da hilft nur probieren, denn die einzelnen Fruchtsaftsorten wirken durch ihren Säuregehalt unterschiedlich. Ein Test mit einer kleinen Menge gibt darüber Aufschluss. Seiner Farbe treu bleibt der Blue Curaçao am ehesten bei Ananas- oder Grapefruitsaft. Auch die Menge macht's leider nicht: Viel Blue Curaçao führt nicht zu mehr Blau, sondern zu einem verstärkten Grün.

Baked Almonds

4–6 cl Sahne
3 cl Amaretto
3 cl Crème de Cacao, braun
Etwas Kakaopulver

So wird's gemacht
Die Zutaten mit Eiswürfeln im Shaker kräftig schütteln und durch das Barsieb in eine Cocktailschale abgießen. Mit etwas Kakaopulver bestäuben.

Green Monkey

4 cl Sahne
2 cl Bols Grüne Banane
2 cl Blue Curaçao
4 cl Orangensaft

So wird's gemacht
Bols Grüne Banane, Blue Curaçao, Orangensaft und Sahne mit Eiswürfeln im Shaker kräftig schütteln und durch das Barsieb in eine Cocktailschale abgießen.

Sweet Maria

3 cl Amaretto
3 cl Wodka
4–6 cl Sahne

So wird's gemacht
Amaretto, Wodka und Sahne mit einigen Eiswürfeln im Shaker kräftig schütteln und durch das Barsieb in eine Cocktailschale abgießen.

Cherry Banana

4–6 cl Sahne
4 cl Cherry Brandy
2 cl Crème de Bananes
Einige Bananenscheiben und Cocktailkirschen zum Garnieren

So wird's gemacht
Die Zutaten mit Eiswürfeln im Shaker kräftig schütteln und durch das Barsieb in eine Cocktailschale abgießen. Einen Früchtespieß über den Glasrand legen.

Brandy Alexander

4–6 cl Sahne
4 cl Asbach Uralt Weinbrand
2 cl Crème de Cacao, braun
Etwas Muskatpulver

So wird's gemacht
Sahne, Asbach Uralt und den Crème de Cacao mit Eiswürfeln im Shaker kräftig schütteln und durch das Barsieb in eine Cocktailschale abgießen. Mit etwas Muskat bestäuben.

Profitipp

Das Abmessen

Wichtig beim Mixen eines Cocktails ist das Abmessen der Zutaten. Der Handel bietet Messbecher aus Metall mit 2-cl- und 4-cl-Eichung an. Gut verwendbar, weil besser sichtbar, sind auch einfache Schnapsgläser mit der gleichen Eichung. Grundsätzlich beginnt man mit Sahne oder Sirup, also mit den meist kleineren und auch kostengünstigeren Anteilen. Kleine Mengen kann man noch nach Augenmaß eingießen, bei den größeren Mengen sollte aber das Messglas verwendet werden. Kohlensäurehaltige Limonaden zum Auffüllen werden zum Schluss direkt dazugegeben.

España Orange

- 15 cl Milch
- 5 cl Orangensaft
- 1 TL Honig
- 2 cl Triple Sec Curaçao
- 1 Orangenscheibe zum Garnieren

So wird's gemacht
Die Zutaten mit Eiswürfeln im Shaker kräftig schütteln und durch das Barsieb in ein Longdrinkglas auf einige Eiswürfel abgießen. Die Orangenscheibe an den Glasrand stecken.

Sweet Dreams

- 10 cl Milch
- 5 cl Preiselbeersirup
- 2 cl Limettensaft
- 5 cl Southern Comfort
- 1 Limettenscheibe und
- 1 Cocktailkirsche zum Garnieren

So wird's gemacht
Die Zutaten mit Eiswürfeln im Shaker kräftig schütteln und durch das Barsieb in ein Longdrinkglas auf Eiswürfel abgießen. Mit der Limettenscheibe und der Cocktailkirsche garnieren.

Banane Trinidad

15 cl Milch
1/2 Banane
1 cl Zuckersirup
1 cl Zitronensaft
2 cl Crème de Bananes
Einige Bananenscheiben
 und 1 Cocktailkirsche
 zum Garnieren

So wird's gemacht
Die Zutaten im Elektromixer gut vermischen und in ein Longdrinkglas auf einige Eiswürfel abgießen. Einen Spieß mit Bananenscheiben und der Cocktailkirsche über den Glasrand legen.

McCloud

10 cl Milch
4 cl Orangensaft
2 cl Drambuie
2 cl Scotch Whisky
1 TL Honig
1 Orangenscheibe und
1 Cocktailkirsche zum
 Garnieren

So wird's gemacht
Die Zutaten im Elektromixer gut vermischen und in ein Longdrinkglas auf einige Eiswürfel abgießen. Die Orangenscheibe mit der Cocktailkirsche an den Glasrand stecken.

Fruchtige Longdrinks mit Schuss

Blueberry Hill

10 cl Milch
2 cl Zuckersirup
4 cl Wodka
1–2 EL frische oder tiefgefrorene Blaubeeren
Einige Blaubeeren zum Garnieren

So wird's gemacht
Die Zutaten im Elektromixer gut vermischen und in ein Longdrinkglas auf einige Eiswürfel abgießen. Einen Spieß mit Blaubeeren über den Glasrand legen.

Profitipp

Elektromixer

Es gibt robuste Profigeräte mit starkem Motor, die aber auch entsprechend teuer sind. Für den Hobbymixer sind die heute in fast jeder Küche verwendeten Modelle absolut ausreichend. Der Elektromixer kann zum Pürieren von Früchten, zum Sahneschlagen und beim Mixen von Drinks, die Sahne, Eier oder Milch enthalten, eingesetzt werden. Auch zur Zubereitung von Drinks mit Crushed Ice (siehe Profitipp Seite 44) oder bei der Herstellung von größeren Mengen empfiehlt er sich.

Blue Moon

10 cl Milch
2 cl Sahne
1 Kugel Vanilleeis
2 cl Bols Blue Curaçao
4 cl weißer Rum
1/2 Orangenscheibe und
1 Cocktailkirsche zum Garnieren

So wird's gemacht
Die Zutaten im Elektromixer gut vermischen und in ein großes Glas auf einige Eiswürfel abgießen. Einen Spieß mit der halben Orangenscheibe und der Cocktailkirsche über den Glasrand legen. Trinkhalme dazugeben.

Profitipp

Bols Blue Curaçao Liqueur

Der erfolgreichste Bols Liqueur ist der herb-süße Bols Blue. Er ist weltweiter Marktführer, Deutschland ist das größte Abnehmerland. Bols Blue entspricht dem wasserhellen Ur-Curaçao Triple Sec und unterscheidet sich von diesem außer durch die Farbe und den niedrigeren Alkoholgehalt dadurch, dass er als einziger Blue Curaçao zusätzlich einen speziellen Charakter durch die Aromatisierung mit Kinnow (asiatische Mandarinenfrucht) erhält. Bols Blue machte die blaue Farbe salonfähig.

36 Coole Drinks mit Eiscreme

Afternoon Shake

10 cl Milch
1 Kugel Vanilleeis
2 cl Amarena-Kirsch-Sirup
2 cl Asbach Uralt
 Weinbrand
Einige frische Kirschen
 oder andere frische
 Früchte zum Garnieren

So wird's gemacht
Die Zutaten im Elektromixer gut vermischen und in ein großes Glas auf einige Eiswürfel abgießen. Mit den frischen Kirschen oder einem Fruchtspieß garnieren. Trinkhalme dazugeben.

Banana Shake

12 cl Milch
1/2 Banane
2 TL Puderzucker
1 Kugel Vanilleeis
2 cl Sahne
4 cl weißer Rum
Bananenscheiben und
1 Erdbeere zum Garnieren

So wird's gemacht
Die Zutaten im Elektromixer gut vermischen und in ein Glas auf Eiswürfel abgießen. Einen Spieß mit Bananenscheiben und der Erdbeere über den Glasrand legen. Trinkhalme dazugeben.

Coole Drinks mit Eiscreme

Swimming Cool

- 10 cl kalte Milch
- 1 Kugel Vanilleeis
- 4 cl Wodka
- 2 cl Blue-Curaçao-Sirup
- 1 cl Kokossirup
- 1 Kiwischeibe und
- 1 Physalis (Kapstachelbeere) zum Garnieren

So wird's gemacht
Die Zutaten im Elektromixer gut vermischen und in ein großes Glas auf etwas Crushed Ice abgießen. Die Kiwischeibe mit der Physalis an den Glasrand stecken. Trinkhalme dazugeben.

Profitipp

Riemerschmid

Die 1835 in München gegründete »Likörmanufaktur« Anton Riemerschmid erreichte in der zweiten Hälfte des 20. Jahrhunderts einen überregionalen Bekanntheitsgrad als Produzent innovativer Liköre und Spirituosen. Eine davon war die berühmte Wirtschaftswunderspirituose »Escorial Grün«. Den Trend der Zeit erkennend, begann man zu Beginn der 1980er Jahre mit der Produktion von Sirupen. Mittlerweile gibt es rund 20 Frucht- und Barsirupe, wobei letztere dünnflüssiger sind und speziell für Profimixer entwickelt wurden.

Brandy Egg Nog

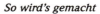

12 cl Milch
2 cl Sahne
1 Ei
1 cl Zuckersirup
6 cl Asbach Uralt
 Weinbrand
Etwas Muskatpulver

So wird's gemacht
Die Zutaten mit Eiswürfeln im Shaker kräftig schütteln und durch das Barsieb in ein Longdrinkglas abgießen. Mit etwas Muskat bestäuben.

Profitipp

Egg Nog

In amerikanischen Schriftstücken wird der Egg Nog bereits um 1775 erwähnt. Als alkoholische Basis wurden die damals vorhandenen Spirituosen Rum, Brandy und Whisky, aber auch Südweine wie Sherry, Port oder Madeira verwendet. Diese wurden mit Ei, Milch und Zucker vermischt und kalt oder warm getrunken. Für einen kalten Egg Nog wurden die Zutaten im Glas verrührt, beim heißen Egg Nog erhitzte man die Milch und gab sie zu den anderen, bereits verrührten Zutaten

African Queen

4 cl Milch
4 cl Kirschnektar
4 cl Amarula Wild Fruit
  Cream Liqueur
Zimtpulver

So wird's gemacht
Die Zutaten mit Eiswürfeln im Shaker kräftig schütteln und durch das Barsieb in ein mittelgroßes Stielglas abgießen. Mit etwas Zimt bestäuben.

Baileys Coconut

6 cl Milch
2 cl Sahne
4 cl Baileys Irish Cream
2 cl Malibu Coconut
  Liqueur
1 cl Triple Sec Curaçao
Schokoladen- und
Kokosraspeln

So wird's gemacht
Die Zutaten mit Eiswürfeln im Shaker kräftig schütteln und in ein Becherglas auf einige Eiswürfel abgießen. Mit Schokoladen- und Kokosraspeln bestreuen.

Ceres

- 10 cl Joghurt
- 1 cl Malibu Cocos Liqueur
- 4 cl Grand Marnier
- 4 cl Orangensaft
- 4 cl Ananassaft
- 1 Orangenscheibe und
- 2 Cocktailkirschen zum Garnieren

So wird's gemacht

Die Zutaten mit einigen Eiswürfeln im Elektromixer (oder Shaker) gut durchmixen. Ein großes Glas zur Hälfte mit Crushed Ice füllen und die Mischung dazugießen. Die Orangenscheibe mit den Cocktailkirschen an den Glasrand stecken. Trinkhalme dazugeben.

Profitipp

Crushed Ice

Zur Herstellung von Crushed Ice gibt man Eiswürfel auf ein Küchentuch und faltet es zu einem Beutel zusammen. Dieser legt man auf einen festen Untergrund und schlägt mit einem Hammer darauf. Die kleinen Eisstücke gibt man mit einem Löffel in das Glas oder nimmt sie direkt mit dem Glas vom Tuch auf. Crushed Ice lässt sich auch für mehrere Drinks vorbereiten. Dazu gibt man das nicht unmittelbar benötigte zerstoßene Eis in Gläsern ins Gefrierfach.

Diana

- 10 cl Buttermilch
- 8 cl Kirschnektar
- 2 cl Bananensirup
- 2 cl Wodka
- 2 cl Crème de Bananes
- Einige Kirschen und Bananenscheiben zum Garnieren

So wird's gemacht
Die Zutaten mit Eiswürfeln im Elektromixer gut durchmixen. Ein Glas zur Hälfte mit Crushed Ice füllen und die Mischung dazugießen. Mit einem Früchtespieß garnieren. Trinkhalme dazugeben.

Lumumba

- 2 cl Asbach Uralt Weinbrand
- 2 cl Kahlúa Kaffeelikör
- Kalte Trinkschokolade

So wird's gemacht
In ein Longdrinkglas einige Eiswürfel geben. Den Weinbrand und den Kaffeelikör dazugießen und mit der kalten Trinkschokolade auffüllen. Mit einem Barlöffel gut umrühren.

Mexican Cow

4 cl Kahlúa Kaffeelikör
16 cl kalte Milch
Etwas Schlagsahne
Etwas Kaffeepulver

So wird's gemacht
In ein Longdrinkglas einige Eiswürfel geben. Den Kaffeelikör und die kalte Milch dazugießen und mit einem Barlöffel gut umrühren. Eine kleine Schlagsahnehaube darauf geben und diese mit etwas Kaffeepulver bestäuben. Trinkhalme dazugeben.

Batida Jumbo

14 cl kalte Milch
6 cl Batida de Côco
Kokoslikör
Kokosraspeln

So wird's gemacht
Die Milch und den Batida de Côco mit Eiswürfeln im Shaker kräftig schütteln. In ein Longdrinkglas auf einige Eiswürfel oder auf Crushed Ice abgießen. Den Rand des Glases mit einem Kokosrand verzieren (siehe Profitipp Seite 58).

Hot Milk Punch

4 cl Asbach Uralt
Weinbrand
1 cl Zuckersirup
Heiße Milch
Etwas Muskatpulver

So wird's gemacht
Den Weinbrand und den Zuckersirup in eine vorgewärmte Tasse oder in ein Glas geben und mit heißer Milch auffüllen. Mit etwas Muskat bestäuben.

After Eight

2 cl Peppermint Liqueur
2 cl Crème de Cacao, braun
1 Tasse heißer Kaffee
Leicht geschlagene Sahne
Etwas Kakaopulver

So wird's gemacht
Die Liköre in ein vorgewärmtes Stielglas geben und den heißen Kaffee dazugießen. Die Sahne als Haube darauf setzen. Mit etwas Kakaopulver bestäuben.

52 Fruchtige Longdrinks mit Milch

Johannisbeershake

- 10 cl Milch
- 6 cl Sahne
- 100 g Johannisbeeren
- 2 cl Limettensirup
- 1 cl Grenadine
- 1 Johannisbeerrispe zum Garnieren

So wird's gemacht

Alle Zutaten im Elektromixer gut durchmixen. Ein großes Longdrinkglas zur Hälfte mit Crushed Ice füllen und die Mischung dazu gießen. Mit der Johannisbeerrispe garnieren. Trinkhalme dazugeben

Profitipp

Limettensirup

Die Limette – fälschlicherweise oft Limone genannt – ist bei uns seit Ende der 1980er Jahre ganzjährig zu erhalten. Sie ist gewissermaßen die Zitrone der Tropen, sehr saftig und kräftig aromatisch sauer. Der Limettensaft ist die Basis des Limettensirups, der mit seiner interessanten Fruchtnote viele Mixdrink aromatisiert.

54 Fruchtige Longdrinks mit Milch

Jogging Mix

2 cl Mandarinensirup
10 cl roter Traubensaft
10 cl Milch
Einige Mandarinenspalten
und Trauben

So wird's gemacht
Mandarinensirup, Traubensaft und Milch mit Eiswürfeln in das Unterteil des Shakers geben. Den Shaker verschließen und kräftig schütteln. Durch das Sieb im Oberteil oder durch ein Barsieb in ein Fancyglas auf einige Eiswürfel abgießen. Einen Spieß mit Mandarinenspalten und Trauben über den Glasrand legen.

Leche Banana

2 cl Bananensirup
1 cl Kokossirup
8 cl Ananassaft
10 cl Milch
1 Erdbeere und
1 Physalis zum Garnieren

So wird's gemacht
Bananensirup, Kokossirup, Ananassaft und Milch mit Eiswürfeln in das Unterteil des Shakers geben. Den Shaker verschließen un kräftig schütteln. Durch das Sieb im Oberteil oder durch ein Barsieb in ein Fancyglas auf einige Eiswürfel abgießen. Mit der Erdbeere und der Physalis garnieren. Zwei Trinkhalme ins Glas geben.

Peach Banana

5 cl Milch
5 cl Bananennektar
10 cl Pfirsichnektar
2 cl Zitronensaft
1 Pfirsichstück und
1 Erdbeere zum Garnieren

Traubenflip

10 cl Milch
10 cl roter Traubensaft
1 Eigelb
2 cl Amarena-Kirsch-Sirup
Einige frische Trauben ode
  andere frische Früchte
  zum Garnieren

So wird's gemacht
Die Zutaten mit Eiswürfeln im Shaker kräftig schütteln und durch das Barsieb in ein Longdrinkglas auf einige Eiswürfel abgießen. Das Pfirsichstück mit der Erdbeere an den Glasrand stecken. Trinkhalme dazugeben.

So wird's gemacht
Die Zutaten mit Eiswürfeln im Shaker kräftig schütteln und durch das Barsieb in ein Longdrinkglas auf einige Eiswürfel abgießen. Mit frischen Trauben ode einem Früchtespieß garnieren. Trinkhalme dazugeben.

Coco-Cherry-Milk

8 cl Milch
12 cl Kirschnektar
2 cl Kokossirup
Einige frische Kirschen oder andere frische Früchte zum Garnieren

So wird's gemacht
Die Zutaten mit Eiswürfeln im Shaker kräftig schütteln und durch das Barsieb in ein Longdrinkglas auf einige Eiswürfel abgießen. Mit frischen Kirschen oder einem Fruchtspieß garnieren. Trinkhalme dazugeben.

Profitipp

Kokosrand
Zu Drinks mit Kokossirup passen sehr gut mit einem Kokosrand versehene Gläser. Dazu wird auf klassische Weise das Fruchtfleisch eines Zitronenviertels leicht eingeschnitten und darin der Glasrand mit der Öffnung nach unten gedreht. Anschließend tupft man den Glasrand in eine Schale mit Kokosraspeln. Sehr gut haften diese auch an Gläsern, die mit Eiweiß befeuchtet werden. Weitere Möglichkeiten bieten sich mit buntem Hagelzucker, Kakao- und Kaffeepulver. Der Geschmack der Verzierungen sollte jedoch zum Mixdrink passe.

Exotic Milk

10 cl Milch
8 cl **Ananassaft**
2 cl **Erdbeersirup**
2 cl **Kokossirup**
1 **Erdbeere** zum Garnieren

So wird's gemacht
Die Zutaten mit Eiswürfeln im Shaker kräftig schütteln und durch das Barsieb in ein großes Stielglas oder Longdrinkglas auf einige Eiswürfel abgießen. Die Erdbeere an den Glasrand stecken und Trinkhalme dazugeben.

Profitipp

Eiswürfel
Viel zum Gelingen eines Mixdrinks trägt das verwendete Eis bei. Es darf, so paradox es klingen mag, nicht zu kalt sein. Ideal sind deshalb Eiswürfel aus dem Eiswürfelbereiter, die eine Temperatur von 0 °C aufweisen. Eiswürfel aus der Tiefkühltruhe sind mit –15 °C zu kalt. Zu kalte Eiswürfel lösen sich beim Mixen zu langsam auf, und durch das fehlende Schmelzwasser wird nicht der optimale Kühleffekt erzeugt. Deshalb sollten Sie Eiswürfel aus der Tiefkühltruhe einige Zeit vor der Verwendung bereitstellen.

Cherry Milk

10 cl Milch
2 cl Sahne
10 cl Kirschnektar
1 cl Bananensirup
1 cl Blutorangensirup
Einige Bananenscheiben
   und Cocktailkirschen
   zum Garnieren

So wird's gemacht
Die Zutaten mit Eiswürfeln im Shaker kräftig schütteln und durch das Barsieb in ein Longdrinkglas auf einige Eiswürfel abgießen. Einen Spieß mit Bananenscheiben und Cocktailkirschen über den Glasrand legen. Trinkhalme dazugeben.

Traubentraum

8 cl Milch
2 cl Sahne
2 cl Kokossirup
12 cl roter Traubensaft
Einige frische rote Trauben
   oder andere frische
   Früchte zum Garnieren

So wird's gemacht
Die Zutaten mit Eiswürfeln im Shaker kräftig schütteln und durch das Barsieb in ein Longdrinkglas auf einige Eiswürfel abgießen. Mit frischen roten Trauben oder einem Früchtespieß garnieren. Trinkhalme zum fertigen Drink dazugeben.

Fruchtige Longdrinks mit Milch

Mango-Maracuja-Milch

8 cl Milch
2 cl Mangosirup
10 cl Maracujanektar
Einige Mangostücke und
1 Erdbeere zum Garnieren

So wird's gemacht

Die Zutaten mit Eiswürfeln im Shaker kräftig schütteln und durch das Barsieb in ein Longdrinkglas auf einige Eiswürfel abgießen. Mit Mangostücken und der Erdbeere garnieren. Trinkhalme dazugeben.

Profitipp

Mangosirup

Die Mango ist die Königin der Tropenfrüchte. Sie ist die wichtigste neben Banane und Ananas und übertrifft mit ihrem köstlichen, exotischen Geschmack alle vergleichbaren Früchte. Weit über 1000 Mangoarten in unterschiedlichen Größen und Farben sind bekannt. Die Urheimat und bis heute wichtigste Anbauregion ist Indien. Mangos sind heute fast überall in den Tropen verbreitet. Mit Mangosirup gemixt, erhält jeder Drink eine intensive Note und ein exotisches Flair.

Fruchtige Longdrinks mit Milch

Passion Milk

8 cl Milch
8 cl Maracujanektar
1 cl Zitronensaft
3 cl Karamelsirup
1 Ananasstück und
1 Cocktailkirsche zum
   Garnieren

So wird's gemacht
Die Zutaten mit Eiswürfeln im Shaker kräftig schütteln und durch das Barsieb in ein Longdrinkglas auf einige Eiswürfel abgießen. Das Ananasstück mit der Cocktailkirsche an den Glasrand stecken. Trinkhalme dazugeben.

Kirschmilch

10 cl Milch
 2 EL Joghurt
 5 cl Kirschsauce
Einige frische Kirschen
   oder andere Früchte zum
   Garnieren

So wird's gemacht
Die Zutaten im Elektromixer gut durchmixen und in ein zur Hälfte mit Crushed Ice gefülltes Longdrinkglas abgießen. Mit frischen Kirschen oder einem Früchtespieß garnieren und Trinkhalme zum fertigen Drink dazugeben.

Cinderella

2 cl Sahne
1 cl Grenadine
2 cl Kokossirup
8 cl Orangensaft
8 cl Ananassaft
Bananenscheiben und
  Cocktailkirschen zum
  Garnieren

So wird's gemacht
Alle Zutaten mit Eiswürfeln in das Unterteil des Shakers geben. Den Shaker verschließen und kräftig schütteln. Durch das Sieb im Oberteil oder durch ein Barsieb in ein großes Stielglas auf einige Eiswürfel abgießen. Einen Spieß mit Bananenscheiben und Cocktailkirschen über den Glasrand legen und zwei Trinkhalme dazugeben.

Profitipp

Zuckerrand

Um einen Zuckerrand herzustellen, wird das Fruchtfleisch eines Zitronenviertels leicht eingeschnitten und darin der Glasrand mit der Öffnung nach unten gedreht. Anschließend tupft man den Glasrand in eine Schale mit Zucker. Durch ein Klopfen am Glas werden die nicht anhaftenden Anteile entfernt. Bei farbigen Zuckerrändern taucht man den Glasrand in eine Schale mit farbigem Sirup und dann in den Zucker.

Exotische Longdrinks mit Sahne

Strawberry Kiss

2 cl Sahne
2 cl Erdbeersirup
6 cl Maracujanektar
6 cl Mangonektar
6 cl Orangensaft
1 Erdbeere zum Garnieren

So wird's gemacht
Alle Zutaten mit Eiswürfeln in das Unterteil des Shakers geben. Den Shaker verschließen und kräftig schütteln. Durch das Sieb im Oberteil oder durch ein Barsieb in ein Longdrinkglas auf einige Eiswürfel abgießen. Die Erdbeere an den Glasrand stecken und zwei Trinkhalme dazugeben.

Evening Sun

2 cl Sahne
2 cl Grenadine
16 cl Bananennektar
Einige Bananenscheiben und Cocktailkirschen zum Garnieren

So wird's gemacht
Alle Zutaten mit Eiswürfeln im Shaker kräftig schütteln. Durch das Sieb im Oberteil oder durch ein Barsieb in ein Longdrinkglas auf einige Eiswürfel abgießen. Einen Spieß mit Bananenscheiben und Cocktailkirschen über den Glasrand legen. Zwei Trinkhalme dazugeben.

72 Exotische Longdrinks mit Sahne

Chiquita Punch

- 2 cl Sahne
- 2 cl Bananensirup
- 2 cl Grenadine
- 14 cl Orangensaft
- 1 Orangenscheibe und
- 1 Cocktailkirsche zum Garnieren

So wird's gemacht
Alle Zutaten mit Eiswürfeln im Shaker schütteln. Durch das Sieb im Oberteil oder durch ein Barsieb in ein Fancyglas oder ein Longdrinkglas auf einige Eiswürfel abgießen. Die Orangenscheibe mit der Cocktailkirsche an den Glasrand stecken.

Orange Velvet

- 2 cl Sahne
- 2 cl Mandelsirup
- 8 cl Orangensaft
- 8 cl Maracujanektar
- 1 Orangen-,
- 1 Kiwischeibe und
- 1 Cocktailkirsche zum Garnieren

So wird's gemacht
Alle Zutaten mit Eiswürfeln im Shaker schütteln. Durch das Sieb im Oberteil oder durch ein Barsieb in ein Longdrinkglas auf einige Eiswürfel abgießen. Die Orangen- und die Kiwischeibe mit der Cocktailkirsche an den Glasrand stecken.

74 Gehaltvolle Joghurtdrinks

Smoothy

1 EL Joghurt
4 Erdbeeren
1 cl Vanillesirup
2 cl Kokossirup
6 cl Maracujanektar
1 Erdbeere zum Garnieren

So wird's gemacht
Alle Zutaten im Elektromixer gut durchmixen und in ein zur Hälfte mit Crushed Ice gefülltes Longdrinkglas abgießen. Mit einem Barlöffel gut verrühren und die Erdbeere an den Glasrand stecken. Zwei Trinkhalme zum fertigen Drink dazugeben.

Profitipp

Neue Sirupkreationen

Mit dem Ende der 1980er Jahre erstmals angebotenen Blue-Curaçao-Sirup konnte man alkoholfreie Drinks in einer neuen Geschmacksrichtung und Farbe mixen. Heute zählt dieser schon zum Standard, und nun sind weitere alkoholisch schmeckende Sirupe im Kommen. Neu im Riemerschmid-Sortiment sind Havana-, London-Dry- und Italiano-Sirup. Mit ihnen mixt man täuschend echt nach Rum, Gin und beliebten italienischen Gewürzlikören schmeckende Drinks ohne Alkohol.

Sweet Strawberry

2 EL Joghurt
2 cl Mandelsirup
4 cl Maracujanektar
6 Erdbeeren
1 Erdbeere zum Garnieren

So wird's gemacht
Die Zutaten mit etwas Crushed Ice im Elektromixer durchmixen und in einen Tumbler auf einige Eiswürfel abgießen. Die Erdbeere an den Glasrand stecken und kurze Trinkhalme dazugeben.

Blue Banana

3 EL Joghurt
10 cl Birnennektar
1/2 Banane
1 cl Blue-Curaçao-Sirup
1 Birnenstück und
1 Physalis zum Garnieren

So wird's gemacht
Alle Zutaten bis auf den Blue-Curaçao-Sirup mit etwas Crushed Ice in den Elektromixer geben und gut durchmixen. In ein zur Hälfte mit Crushed Ice gefülltes Longdrinkglas abgießen und den Blue-Curaçao-Sirup darüber geben. Das Birnenstück mit der Physalis an den Glasrand stecken und Trinkhalme dazugeben.

78 Gehaltvolle Joghurtdrinks

Fantastic Morning

2 EL Joghurt
4 cl Vanillesirup
2 cl Limettensaft
10 cl Maracujanektar
1 cl Erdbeersirup
1 Erdbeere zum Garnieren

So wird's gemacht

Alle Zutaten bis auf den Erdbeersirup mit etwas Crushed Ice im Elektromixer gut durchmixen und in ein großes Glas auf einige Eiswürfel abgießen. Darauf den Erdbeersirup geben. Die Erdbeere an den Glasrand stecken und Trinkhalme dazugeben.

Profitipp

Eigenkreationen

Das Erfinden eines neuen Rezepts ist gar nicht so schwer. Wichtig ist, dass die Zutaten zueinander passen. Beginnend mit den kleinsten Mengen gießt man mit einem Messglas die Zutaten in den Shaker, rührt nach jeder Zugabe um und probiert. Damit hat man die Möglichkeit zum Ausgleichen.
Erst wenn alle Bestandteile zugegeben sind und der Drink schmeckt, gibt man das Eis hinzu und schüttelt wie sonst auch. Durch die Kühlung und das Schmelzwasser verbessert sich in der Regel jeder Drink enorm.

Mangojoghurt

- 2 EL Joghurt
- 10 cl Milch
- 1 cl Mangosirup
- 1 Mangostück und
- 1 Cocktailkirsche zum Garnieren

So wird's gemacht
Die Zutaten mit etwas Crushed Ice im Elektromixer gut durchmixen und in ein Longdrinkglas auf einige Eiswürfel abgießen. Das Mangostück mit der Cocktailkirsche an den Glasrand stecken und zwei Trinkhalme dazugeben.

Beautiful Shake

- 2 EL Joghurt
- 1 cl Erdbeersirup
- 2 cl Kokossirup
- 8 cl Ananassaft
- 1 Ananasstück und
- 1 Erdbeere zum Garnieren

So wird's gemacht
Die Zutaten mit etwas Crushed Ice im Elektromixer gut durchmixen und in ein Longdrinkglas auf einige Eiswürfel abgießen. Das Ananasstück mit der Erdbeere an den Glasrand stecken und zwei Trinkhalme dazugeben.

Freshness

- 2 EL Joghurt
- 2 cl **Cranberrysirup**
- 2 cl **Vanillesirup**
- 4 cl Pfirsichnektar
- 8 cl Maracujanektar
- 1 Karambolestern und
- 1 Cocktailkirsche zum Garnieren

So wird's gemacht
Die Zutaten mit etwas Crushed Ice im Elektromixer gut durchmixen und in ein Longdrinkglas auf einige Eiswürfel abgießen. Den Karambolestern mit der Cocktailkirsche an den Glasrand stecken und zwei Trinkhalme dazugeben.

Fruchtsäfte und Nektare

Beim Einkauf von Fruchtsäften lohnt sich ein genaues Studium der Etiketten. Ob direkt gepresst oder aus Konzentrat, und bei den Nektaren der Saftanteil, sind Aussagen zu den Preisunter schieden. Beim Mixen von alkoholfreien Getränken sind durc das heutige Angebot der Fantasie keine Grenzen mehr gesetz In Verbindung mit dem großen Sirupangebot und auch mit den Molkereiprodukten lassen sich Kreationen in allen Geschmacksrichtungen und Farben herstellen. Doch auch hier sollte man auf die Ausgewogenheit achten, d.h. nicht nur süß oder herbe Säfte verwenden, sondern mit Gefühl kombinier

Profitipp

Schoko-Banana

- 2 EL Joghurt
- 10 cl kalte Milch
- 1/2 Banane
- 1 EL Schokoladensauce
- Etwas Vanillezucker
- Schokoladenraspeln

So wird's gemacht
Die Zutaten mit etwas Crushed Ice im Elektromixer gut durchmixen und in ein Longdrinkglas abgießen. Den fertigen Schoko-Banana-Drink mit Schokoladenraspeln bestreuen und zwei Trinkhalme dazugeben.

Blue and Fine

- 2 EL Joghurt
- 2 cl Vanillesirup
- 1 cl Blue-Curaçao-Sirup
- 10 cl Apfelsaft
- 1 Orangenscheibe und
- 1 Cocktailkirsche zum Garnieren

So wird's gemacht
Die Zutaten mit etwas Crushed Ice im Elektromixer gut durchmixen und in ein Longdrinkglas abgießen. Die Orangenscheibe mit der Cocktailkirsche an den Glasrand stecken und zwei Trinkhalme dazugeben.

Grenadine-Milk

15 cl kalte Milch
2 cl Grenadine
1 Kugel Vanilleeis
1 Erdbeere zum Garnieren

So wird's gemacht

Alle Zutaten mit etwas Crushed Ice (siehe Profitipp Seite 44) in den Elektromixer geben und gut durchmixen. In ein Fancy- oder Longdrinkglas abgießen und die Erdbeere an den Glasrand stecken. Trinkhalme dazugeben.

Profitipp

Shaker

Drei Modelle von Shakern sind derzeit auf dem Markt: der zweiteilige aus Silber oder Edelstahl, der dreiteilige aus Edelstahl mit im Mittelteil eingebautem Sieb und der Boston-Shaker. Beim zwei- oder dreiteiligen Metallshaker wird das Unterteil gefüllt und das Oberteil nach innen eingesetzt. Nach dem Shaken wird aus dem Unterteil mit Hilfe eines Barsiebs oder durch das Sieb im Mittelteil abgegossen. Beim Boston-Shaker wird das massive Glasteil gefüllt. Dies kann bis zum oberen Rand geschehen, da das Metallteil übergestülpt wird. Nach dem Shaken wird durch ein Barsieb (Strainer) aus dem Metallteil abgegossen.

Eisschokolade

1 Kugel Vanilleeis
1 Kugel Schokoladeneis
12 cl kalte Trinkschokolade
Geschlagene Sahne
Schokoladenraspeln

Pink Cherry

15 cl kalte Milch
1 Kugel Vanilleeis
2 cl Sahne
2 cl Amarena-Kirsch-Sirup
Einige frische Kirschen oder andere Früchte zum Garnieren

So wird's gemacht
In ein großes Glas das Vanille- und Schokoladeneis geben und mit der Trinkschokolade bis zwei Zentimeter unter dem Glasrand auffüllen. Die Sahne darauf setzen und mit Schokoladenraspeln bestreuen. Trinkhalme und langstieligen Löffel dazugeben.

So wird's gemacht
Kalte Milch, Vanilleeis, Sahne und Amarena-Kirsch-Sirup im Elektromixer gut durchmixen und in ein großes Glas auf einige Eiswürfel abgießen. Zwei Trinkhalme zum fertigen Drink dazugeben und mit den frischen Kirschen oder anderen Früchten garnieren.

Mint Leaf

- 15 cl kalte Milch
- 1 Kugel Vanilleeis
- 2 cl Sahne
- 2 cl Pfefferminzsirup
- 1 Minzezweig zum Garnieren

So wird's gemacht

Alle Zutaten im Elektromixer gut durchmixen und in ein großes Glas auf einige Eiswürfel abgießen. Zwei Trinkhalme dazugeben und mit dem Minzezweig garnieren.

Profitipp

Pfefferminzsirup

Pfefferminzsirup besitzt einen starken, kühlenden und erfrischenden Pfefferminzgeschmack. Er aromatisiert auch in kleinen Dosierungen jeden Drink. Seine Frische erhält er vom Pfefferminzöl, das man durch Wasserdampfdestillation aus de Blättern der Pflanze gewinnt. Pfefferminzsirup verträgt sich g mit Fruchtsäften, mit Milch und Milchprodukten und auch m anderen Sirupen wie z. B. Kokos und Banane. Geschmacklich eng verwandt ist der Pfefferminzlikör (Crème de Menthe). Er wird aus Pfefferminzöl, Neutralalkohol, Wasser und Zucker hergestellt.

Bananenmilch

15 cl kalte Milch
1 Kugel Vanilleeis
1/2 mittelgroße Banane
1 TL Honig
Einige Bananenscheiben und 1 Erdbeere zum Garnieren

So wird's gemacht
Alle Zutaten im Elektromixer gut durchmixen und in ein großes Glas auf einige Eiswürfel abgießen. Einen Spieß mit Bananenscheiben und der Erdbeere über den Glasrand legen. Zwei Trinkhalme dazugeben.

Black Forest Cup

10 cl kalte Milch
1 Kugel Vanille- oder Kirscheis
2 EL Sauerkirschen mit etwas Saft
2 cl Amarena-Kirsch-Sirup
Geschlagene Sahne
Schokoladenraspeln

So wird's gemacht
Alle Zutaten im Elektromixer gut durchmixen und in ein großes Glas auf einige Eiswürfel abgießen. Geschlagene Sahne als Haube darauf setzen und diese mit Schokoladenraspeln bestreuen. Trinkhalme dazugeben.

Schoko-Shake

15 cl kalte Milch
1 Kugel Schokoladeneis
1/2 mittelgroße Banane
4 cl Schokoladensauce
Schokoladenraspeln

So wird's gemacht
Alle Zutaten im Elektromixer gut durchmixen und anschließend in ein großes Glas auf einige Eiswürfel abgießen. Mit Schokoladenraspeln bestreuen und Trinkhalme dazugeben.

Strawberry Shake

15 cl kalte Milch
1 Kugel Vanilleeis
5 Erdbeeren
2 cl Erdbeersirup
1 Erdbeere zum Garnieren

So wird's gemacht
Alle Zutaten im Elektromixer gut durchmixen und anschließend in ein großes Glas auf einige Eiswürfel abgießen. Die Erdbeere an den Glasrand stecken und Trinkhalme dazugeben.

Power-Drinks mit Buttermilch und Quark

Pink Power

15 cl kalte Buttermilch
4 cl Preiselbeersirup

So wird's gemacht
Die kalte Buttermilch in ein Fancyglas geben. Preiselbeersirup mit einem Barlöffel einrühren. Zwei Trinkhalme dazugeben.

Profitipp

Preiselbeersirup

Die immergrüne Preiselbeere ist nahe mit der amerikanischen Cranberry verwandt, hat aber viel kleinere Früchte als diese. Die europäische Preiselbeere entstammt den subarktischen und alpinen Regionen Europas. Besonders verbreitet ist sie in Schweden und Finnland, und die Beeren, die es bei uns zu kaufen gibt, stammen meist von dort. Preiselbeeren schmecken am besten nach dem ersten Frost. Seit langem ist die Marmelade aus Preiselbeeren bekannt und als obligatorische Beigabe zu Wildgerichten beliebt. Mit der Entwicklung des Preiselbeersirups schuf die Firma Riemerschmid einen neuartigen fruchtigen Sirup, der hervorragend zu Milch und Milchprodukten und vielen anderen Mixgetränken passt.

Pick Me Up

10 cl kalte Milch
10 cl Sangrita Classic
   Würzdrink
1 Eigelb
Einige Tropfen Zitronensaft
1 Zitronenscheibe zum
   Garnieren

So wird's gemacht
Alle Zutaten mit Eiswürfeln im Shaker kräftig schütteln und durch das Barsieb in ein Longdrinkglas auf einige Eiswürfel abgießen. Eine Zitronenscheibe an den Glasrand stecken.

Quark-Shake

2 EL Quark
10 cl kalte Milch
1 Eigelb
1 Kiwi
Einige Tropfen Zitronensaft
Etwas Vanillezucker
1 Kiwischeibe zum
   Garnieren

So wird's gemacht
Die Zutaten mit etwas Crushed Ice im Elektromixer gut durchmixen und in ein großes Glas abgießen. Die Kiwischeibe an den Glasrand stecken und Trinkhalme dazugeben.

Pink Fresh

15 cl kalte Buttermilch
4 cl Erdbeersirup
2 cl Zitronensaft
1 Erdbeere und
1 Minzezweig zum Garnieren

So wird's gemacht
Die Zutaten im Elektromixer gut durchmixen und in ein Longdrinkglas auf einige Eiswürfel abgießen. Die Erdbeere an den Glasrand stecken und den Minzezweig dazugeben. Mit Trinkhalmen servieren.

Profitipp

Vorbereitung zur Party

Auch ein großer Ansturm kann von einem Hobbymixer bewältigt werden. Mit wenigen Handgriffen – und ohne Qualitätseinbußen – ist man darauf vorbereitet. Will man z. B. drei verschiedene Mixdrinks (zu je 0,2 Liter) anbieten, so braucht man dazu nur drei Karaffen mit je zwei Liter Fassungsvermögen. In die Karaffen gibt man die zehnfache Menge der einzelnen Rezepturen und rührt gut um. Wenn der jeweilige Drink gemixt werden soll, verfährt man wie sonst auch, muss aber nicht jede Zutat mehrmals anfassen, sondern nur einmal die Gesamtmenge aus der Karaffe entnehmen.

Sauerkirsch-Quark-Drink

1 EL Quark
4 cl Sahne
6 cl Milch
100 g Sauerkirschen mit Saft (aus dem Glas)
Einige Tropfen Zitronensaft
Etwas Vanillezucker
1 Zitronenscheibe und
1 Cocktailkirsche zum Garnieren

So wird's gemacht

Die Zutaten im Elektromixer gut durchmixen und in ein großes Glas auf einige Eiswürfel abgießen. Die Zitronenscheibe mit der Cocktailkirsche an den Glasrand stecken. Zwei Trinkhalme zum fertigen Drink dazugeben.

Profitipp

Garnituren

Grundsätzlich verwendet man zum Garnieren eines Mixdrink frische, essbare Früchte. Sie sollten mit der Geschmacksrichtung des jeweiligen Drinks harmonieren und im Verhältnis zum Volumen des Drinks stehen, also den Drink nicht mit Früchten überladen. Für die Garnierung schneidet man die Früchte ein und steckt sie an den Glasrand. Bestens geeignet sind Orangen, Zitronen, Kiwis, Melonen, Pfirsiche, Cocktailkirschen, Physalis und Trauben.

Pfirsich-Shake

15 cl kalte Buttermilch
1/2 Pfirsich aus der Dose
1 TL Zitronensaft
1 TL Puderzucker
1 Pfirsichstück oder andere Früchte zum Garnieren

So wird's gemacht
Die Zutaten im Elektromixer gut durchmixen und in ein Longdrinkglas auf einige Eiswürfel abgießen. Mit dem Pfirsichstück oder einem Fruchtspieß garnieren. Zwei Trinkhalme dazugeben.

Blondie

15 cl kalte Buttermilch
2 halbe Aprikosen aus der Dose
2 TL Zucker
1 TL Zitronensaft
Etwas Vanillezucker
1 Kugel Vanilleeis
Schokoladenplättchen zum Garnieren

So wird's gemacht
Die Zutaten ohne das Vanilleeis im Elektromixer gut durchmixen und in ein Kelchglas abgießen. Das Vanilleeis dazugeben und mit Schokoladenplättchen bestreuen. Trinkhalme und Löffel dazugeben.

Molkerei-produkte-Abc

Aminosäuren
Organische Säuren und Bausteine des Eiweißes in Nahrungsmitteln. Das Milcheiweiß enthält einen hohen Anteil an lebensnotwendigen Aminosäuren. Das Milcheiweiß spielt eine wichtige Rolle für die Ernährung.

Buttermilch
Ein Nebenprodukt, das bei der Herstellung von Butter anfällt. Je nach Buttersorte handelt es sich um Sauerrahm- oder Süßrahmbuttermilch, wobei letztere unbedingt noch nachgesäuert werden muss.

Carrageen
Zusatzstoff als Gelier- und Verdickungsmittel oder Stabilisator. Carrageen wird aus Meeresalgen gewonnen.

Crème double
Darunter versteht man eine Sahne mit einem besonders hohen Fettgehalt (ca. 43 %).

Crème fraîche
Mildgesäuerter Rahm mit einem Fettgehalt von mindestens 30 %. Man kann auch Küchenrahm oder Küchensahne dazu sagen.

Deutsche Markenbutter
Bezeichnung einer Handelsklasse. Wer zu ihr gehören will, muss folgende Bedingungen erfüllen: Herstellung aus Sahne mit mindestens 82 % Fett und höchstens 16 % Wasser, mindestens vier Punkte bei der Butterprüfung in den Kategorien Aussehen, Geruch, Gefüge, Feinverteilung des Wasseranteils, Streichfähigkeit und pH-Wert.

E-Nummer
Jeder in der EU zulässige Zusatzstoff erhält eine so genannte E-Nummer. E steht dabei für Europa und gleichzeitig für »eatable« (essbar).

Entrahmte Milch
Bezeichnung für Magermilch: Milch ohne Fett, aus der der Rahm abgetrennt wurde.

Frischkäse
Bezeichnung für einen Käse, der noch jung, d. h. noch nicht lange gereift ist.

Fruchtquark
Speisequark mit Früchten.

Fruchtzubereitung
Zutat in Milchprodukten (z. B. Fruchtjoghurt). Besteht hauptsächlich aus Früchten, Zucker und Aromen.

Gesäuerte Milchprodukte
Milchprodukte, die unter Verwendung von Milchsäurebakterien hergestellt werden (z. B. Joghurt, Kefir, Käse etc.).

Herkunftsbezeichnung
Geschützte Bezeichnung für Agrarerzeugnisse und Lebensmittel, die bestimmte geografische und qualitative Anforderungen erfüllen.

Herstellerangabe
Auf Fertigpackungen von Lebensmitteln ist Name und Anschrift desjenigen, der das Produkt in Verkehr bringt, anzugeben. Das kann der Hersteller, der Verpacker oder beispielsweise auch ein in der EU niedergelassener Verkäufer sein.

Homogenisieren
Trinkmilch und Schlagsahne werden vielfach homogenisiert. So wird das Aufrahmen des Milchfettes verhindert: Im Homogenisator werden durch hohen Druck die Fettkügelchen zerkleinert und im Produkt in Schwebe gehalten. Die homogenisierte Milch schmeckt vollmundiger und ist leichter verdaulich.

Joghurt (Natur)
Joghurt ist ein Sauermilcherzeugnis, das aus Milch oder Sahne besteht und durch Zusatz von Reifungskulturen gesäuert wurde. Je nach Fettstufe handelt es sich um Joghurt (mindestens 3,5 % Fett), fettarmen Joghurt (mindestens 1,5 % Fett, höchstens 1,8 % Fett), Sahnejoghurt bzw. Rahmjoghurt (mindestens 10 % Fett) oder Magermilchjoghurt (höchstens 0,3 % Fett).

Joghurterzeugnisse

Darunter fallen alle Produkte, die nicht der Standardsortendefinition von Joghurt entsprechen. Es handelt sich vor allem um Erzeugnisse, die wärmebehandelt wurden und Zutaten wie modifizierte Stärke oder Gelatine enthalten.

Joghurt mild

Für Joghurt, bei dem anstelle des Lactobacillus bulgaricus andere Lactobacilli eingesetzt werden, lautet die Bezeichnung »Joghurt mild« bzw. »fettarmer Joghurt mild«, »Sahnejoghurt mild« oder »Magermilchjoghurt mild«.

Joghurt stichfest

Joghurt, der im Becher säuert und reift.

Johannisbrotkernmehl (E 410)

Verdickungs- und Stabilisierungsmittel. Es wird gewonnen aus dem Samen des Johannisbrotbaums.

Kalzium

Mineralstoff, der für Knochen, Zähne und Stoffwechselfunktionen wichtig ist. Wer sich ausgewogen ernähren will, sollte wegen ihres hohen Kalziumgehalts keinesfalls auf Milchprodukte verzichten.

Kefir

Sauermilcherzeugnis, das aus spezifischen Kefirkulturen in verschiedenen Fettstufen hergestellt wird (siehe Joghurt).

Konsummilch

Wärmebehandelte Milch, wobei nach der Art der Wärmebehandlung unterschieden wird:

• Pasteurisierte Milch oder Frischmilch

• Ultrahocherhitzte Milch oder H-Milch

• Sterilmilch

Weiterhin wird nach dem Fettgehalt unterschieden in:

• Vollmilch mit natürlichem Fettgehalt (in der Regel mindestens 3,8 %)

• Vollmilch mit eingestelltem Fettgehalt (mindestens 3,5 %)

• Fettarme oder teilentrahmte Milch (mindestens 1,5 %, höchstens 1,8 % Fett)

• Magermilch oder entrahmte Milch (höchstens 0,3 % Fett)

Konsummilchkennzeichnung

• Milchsorte mit Fettgehaltsangabe

• Name und Anschrift der Firma und des Abfüllbetriebes

• MHD: Mindesthaltbarkeitsdatum (»bei +10 °C mindestens haltbar bis«)

• Wärmebehandlungsverfahren

• Entsprechender Hinweis bei Homogenisierung

• Füllmenge nach Fertigpackungsverordnung

• Kennzeichnung der Genusstauglichkeit

Laktose (Milchzucker)

Milch besteht zu ungefähr 4,7 Prozent aus Laktose. Bei der Herstellung von Sauermilchprodukten, Sauerrahmbutter und Käse wird die Laktose von den Milchsäurebakterien teilweise zu Milchsäure abgebaut. Ernährungsphysiologisch gesehen, spielt die Laktose eine wichtige Rolle in den Bereichen Säuglings- und Diabetikernahrung.

Lezithin

Das Lezithin gehört zur Gruppe der so genannten Phosphatide, die vor allem in der Membran der Milchfettkügelchen enthalten sind. Bei der Butterherstellung gehen diese Substanzen zu einem großen Teil in die Buttermilch über, die dementsprechend einen relativ hohen Gehalt an Lezithin aufweist.

Milchfett

Fett ist Bestandteil der Milch. Der natürliche Fettgehalt beträgt im Schnitt 3,8 %. Bei Konsummilch und in den Milchprodukten wird der Fettgehalt auf unterschiedliche Werte eingestellt. Das Milchfett gilt als leicht verdaulich.

Milchmischerzeugnisse

Gesetzlich festgelegte Gruppenbezeichnung für Milchprodukte mit Zusätzen wie z. B. Fruchtzubereitung, Aroma und Kakao, wobei der Milchanteil mindestens 70 Prozent betragen muss.

Milchsäure

Beim Reifungsprozess von Sauermilchprodukten, Sauerrahmbutter und Käse wird die Laktose von den Milchsäurebakterien teilweise zu Milchsäure abgebaut, so dass Sauermilchprodukte rund 0,8 Prozent Milchsäure enthalten. Es gibt rechts- und linksdrehende Milchsäure.

Mildgesäuerte Butter

Süßrahmbutter, der erst beim Kneten eine Milchsäurebakterienkultur zugesetzt wird, so dass anschließend eine milde Reife erfolgt.

Mindesthaltbarkeitsdatum

Das Datum, bis zu dem das Lebensmittel seine spezifischen Eigenschaften behält. Nicht zu verwechseln mit dem Verfallsdatum. Denn auch nach dem Ablauf der Mindesthaltbarkeit ist die Ware verkehrs- und verkaufsfähig.

Mineralstoffe

Milch enthält die Mineralstoffe Phosphor, Kalium, Natrium, Chloride sowie Magnesium und leistet einen außerordentlich hohen Beitrag zur Kalziumversorgung. Außerdem ist bei Milchprodukten das Kalzium-Phosphat-Verhältnis ideal.

Modifizierte Stärke

Erzeugnis auf der Basis von Stärke mit spezifisch veränderten Eigenschaften.

Molke

Nebenprodukt, das bei der Herstellung von Käse als Süßmolke

(Labmolke) oder Sauermolke anfällt. Süßmolke ist aufgrund ihrer hohen Eiweiß- und Milchzuckerwerte besonders wichtig. Sie kann als Trinkmolke verwendet werden. Meistens wird Molke industriell zur Gewinnung von Milchzucker, Milchsäure und Molkeneiweiß aufgearbeitet. Sie enthält wenig Fett, ca. 0,6 Prozent Eiweiß und rund 4,5 Prozent Milchzucker.

Pasteurisieren

Die Milch wird auf weniger als 100 °C erhitzt, im Allgemeinen in Form der Kurzzeiterhitzung (72 – 75 °C für 15 – 30 Sekunden). Dabei werden nicht alle Mikroorganismen abgetötet, so dass die pasteurisierte Milch im Kühlschrank aufbewahrt werden muss, wo sie sich mindestens fünf Tage lang hält.

Probiotisch / Probiotische Zutaten

Substanzen mit einer positivregulierenden Wirkung auf die menschliche Darmflora.

Protein (Milcheiweiß)

Der Eiweißgehalt der Milch beläuft sich auf ca. 3,3 Prozent. Besonders eiweißreich ist Käse (ca. 10 bis 30 Prozent).

Quark / Speisequark

Hergestellt aus Magermilch durch Zusatz von Milchsäurebakterienkulturen, Lab und Abscheiden von Molke. Speisequark der Magerstufe muss mindestens 18 % F. i. Tr. aufweisen. Daneben gibt es noch Speisequark mit 20 % F. i. Tr. (absolut ca. 5 % Fett) und Speisequark mit 40 % F. i. Tr. (absolut ca. 11 % Fett).

Rechtsdrehende Milchsäure

Bestandteil von gesäuerten Milchprodukten. Je nach Kultur überwiegt rechts- oder linksdrehende Milchsäure. Ernährungsphysiologisch ist rechtsdrehende Milchsäure als etwas günstiger einzustufen.

Rohmilch

Dabei handelt es sich um Milch, die nicht erhitzt wurde. Wenn Rohmilch vom Milcherzeugerbetrieb direkt an den Verbraucher abgegeben wird (Ab-Hof-Verkauf), muss darauf hingewiesen werden, dass sie vor dem Verzehr abzukochen ist. Im Reformhaus ist sie als Vorzugsmilch erhältlich.

Sauermilch

Sauermilch ist auch als Dickmilch oder Trinksauermilch bekannt. Sauermilchprodukte werden in den gleichen Fettstufen wie Konsummilch vermarktet, also beispielsweise als Sahnedickmilch mit mindestens 10 % Fett und als Fruchtsauermilch.

Sauerrahmbutter

Butter, die aus Rahm hergestellt wird und nach Zugabe einer speziellen Milchsäurebakterienkultur heranreift.

Saure Sahne / Sauerrahm / Schmand

Saure Sahne enthält mindestens 10 % Fett und wird aus süßer Sahne und einer Milchsäurebakterienkultur hergestellt. Schmand ist eine regional übliche Bezeichnung für saure Sahne.

Schlagsahne

Schlagsahne enthält mindestens 30 % Fett. Durch das Schlagen des Rahms wird das Volumen der Schlagsahne verdoppelt.

Speisequarkzubereitung

Produkt auf der Basis von Speisequark, dem Frucht-, Gewürz-, Gemüsezubereitungen und auch andere Geschmacksstoffe zugegeben werden.

Sterilisieren

Das Sterilisieren erfolgt bei einer Temperatur von mindestens 110 – 120 °C für etwa 30 Minuten im verschlossenen Behälter. Dabei werden alle Mikroorganismen abgetötet. Sterilmilch ist mehrere Monate lang ohne Kühlung haltbar.

Süßrahmbutter

Butter, die aus nicht gesäuerter Sahne hergestellt wird.

Ultrahocherhitzen

In diesem Verfahren wird die Milch für zwei bis acht Sekunden auf eine Temperatur von mindes-

tens 135 – 150 °C erhitzt. Anschließend wird die Milch keim-
frei verpackt, womit eine erneute
Bakterieninfektion ausgeschlossen
wird. Die so hergestellte H-Milch
ist ungekühlt mindestens acht Wochen lang haltbar.

Verkehrsbezeichnung

Die festgelegte Bezeichnung eines
Lebensmittels. Sie macht es dem
Verbraucher möglich, die Art des
Lebensmittels zu erkennen und es
von ähnlichen Erzeugnissen zu
unterscheiden.

Vitamine

Lebensnotwendige organische Ver-
bindungen, die in kleinsten Mengen der Aufrechterhaltung des
Stoffwechsels dienen. Das Fehlen
von Vitaminen in der Nahrung
führt zu Mangelerscheinungen.
Milch stellt eine wichtige Vitamin-
quelle dar, denn der tägliche Bedarf an den Vitaminen B2 und
B12 wird mit 1 Liter Milch voll-
ständig abgedeckt. Auch Anteile
von anderen Vitaminen leisten einen wertvollen Beitrag für die Vit-
aminbedarfsdeckung.

Wärmebehandlung

Thermische Behandlungsmetho-
den (beispielsweise Sterilisieren
und Pasteurisieren).

Zentrifugieren

Beim Zentrifugieren erfolgt eine
Trennung unterschiedlicher Stoffe
mit unterschiedlichem spezifischen Gewicht durch die Zentri-
fugalkraft. Anwendungsgebiete
sind das Entrahmen der Milch
und das Entfernen von Verunreinigungen und Bakterien. Die Dreh-
zahlen belaufen sich auf 6000 bis
20 000 Umdrehungen / Minute.

Zusatzstoffe

Sie werden Lebensmitteln zur Ver-
änderung ihrer Beschaffenheit oder
zur Erzielung bestimmter Eigenschaften zugesetzt. Dazu zählen
z. B. Farbstoffe, Stabilisatoren, Kon-
servierungsmittel und Süßstoffe.

Zutatenliste

Bei der Kennzeichnung von Lebensmitteln ist eine Zutatenliste
erforderlich, die die Zutaten in
absteigender Reihenfolge ihres
Gewichtsanteils verzeichnet.

Über den Autor

Franz Brandl zählt seit den 1970er Jahren zu den ganz Großen seines Fachs. Als einer der wenigen ausgebildeten und geprüften Barmeister dieser Zeit blickt er auf eine erfolgreiche Karriere zurück. In seiner Heimatstadt München leitete er u. a. die Bar in Eckart Witzigmanns Drei-Sterne-Restaurant »Aubergine«.

Dank

Wir danken den Firmen Campina GmbH / Landliebe, Heilbronn; Semper Idem / Underberg AG und Sportfit Fruchtsaft GmbH, beide Rheinberg, für die freundliche Unterstützung.

Hinweis

Das vorliegende Buch ist sorgfältig erarbeitet worden. Dennoch erfolgen alle Angaben ohne Gewähr. Weder Autor noch Verlag können für eventuelle Nachteile oder Schäden, die aus den im Buch gemachten praktischen Hinweisen resultieren, eine Haftung übernehmen.

Literatur

Brandl, Franz: Alkoholfreie Top-Drinks. Südwest Verlag. 3. Auflage, München 2001
Brandl, Franz: Cocktails! Cormoran Verlag. München 2001
Brandl, Franz: Mixguide. Südwest Verlag. München 1998
Brandl, Franz: Top-Drinks mit Alkohol. Südwest Verlag. München 2001

Bildnachweis

Alle Bilder einschließlich der Umschlagbilder stammen von Reinhard Rohner, München.

Impressum

Genehmigte Lizenzausgabe für Verlagsgruppe Weltbild GmbH, Steinerne Furt, 86167 Augsburg
Copyright © 2002 by Südwest Verlag, einem Unternehmen der Verlagsgruppe Random House GmbH, 81673 München

Umschlaggestaltung: Atelier Lehmacher, Friedberg (Bay.)
Gesamtherstellung: aprinta Druck GmbH & Co. KG, Senefelderstraße 3–11, 86650 Wemding

Printed in Germany

ISBN 3-8289-1194-3

2008   2007   2006   2005

Die letzte Jahreszahl gibt die aktuelle Lizenzausgabe an.

Alle Rechte vorbehalten.

Einkaufen im Internet: *www.weltbild.de*

Rezepte-register

African Queen   42
After Eight   50
Afternoon Shake   36

Baileys Coconut   42
Baked Almonds   22
Banana Shake   36
Banane Trinidad   30
Bananenmilch   92
Batida Jumbo   48
Beautiful Shake   80
Black Forest Cup   92
Blondie   104
Blue and Fine   84
Blue Banana   76
Blue Moon   34
Blueberry Hill   32
Brandy Alexander   26
Brandy Egg Nog   40

Ceres   44
Cherry Banana   24
Cherry Milk   62
Chiquita Punch   72
Cinderella   68
Coco-Cherry-Milk   58

Diana   46

Eisschokolade   88
España Orange   28
Evening Sun   70
Exotic Milk   60

Fantastic Morning   78
Freshness   82

Golden Dream   18
Grasshopper   16
Green Monkey   22
Grenadine-Milk   86

Hot Milk Punch   50

Jogging Mix   54
Johannisbeershake   52

Kirschmilch   66

Leche Banana   54
Lumumba   46

Mangojoghurt   80
Mango-Maracuja-Milch   64
McCloud   30
Mexican Cow   48

Mint Leaf   90

Orange Velvet   72

Passion Milk   66
Peach Banana   56
Pfirsich-Shake   104
Pick Me Up   98
Pink Cherry   88
Pink Fresh   100
Pink Power   96

Quark-Shake   98

Sauerkirsch-Quark-Drink   102
Schoko-Banana   84
Schoko-Shake   94
Smoothy   74
Strawberry Kiss   70
Strawberry Shake   94
Sweet Dreams   28
Sweet Maria   24
Sweet Strawberry   76
Swimming Cool   38
Swimming Pool   20

Traubenflip   56
Traubentraum   62

White Russian   18

Sach-register

Abmessen 26

Aminosäuren 106

Bols Blue Curaçao
20, 34

Bols Liqueure 16

Brandy 40

Buttermilch 106,
109

Carrageen 106

Crème double 106

Crème fraîche 106

Crushed Ice 32, 44

Egg Nog 40

Eigenkreationen 78

Eiswürfel 44, 60, 78

Elektromixer 6f., 32

E-Nummer 106

Escorial Grün 38

Frischkäse 107

Fruchtquark 107

Fruchtsaft 82, 90

Fruchtzubereitung
107

Garnituren 102

Hausbar 7

Homogenisieren
12, 107, 109

Joghurt 107f.

Kalzium
14, 108, 110

Kefir 107f.

Kinnow (asiatische
Mandarinenfrucht)
34

Kokosrand 58

Kokossirup 58

Konsummilch 14f.,
108f.

Landliebe 10f.

Lezithin 109

Limettensirup 52

Limonade 26

Madeira 40

Magermilch 12, 15,
106

Mangosirup 64

Markenbutter,
Deutsche 106

Milch
Bearbeitung 12f.
Feinreinigung 12
Fettgehalt 12, 14f.,
106f., 109, 111f.
Haltbarkeit 12

Milcheiweiß 14,
106, 110f.

Milchfett 14

Milchprodukte,
gesäuerte 107

Milchsäure 110f.

Milchzucker (Laktose)
14, 109f.

Molke 110

Nektar 82

Party, Vorbereitung
100

Pasteurisieren 13,
15, 108, 110

Pfefferminzlikör
(Crème de Menthe)
90

Pfefferminzsirup 90

Phosphor 14, 110

Port 40

Preiselbeersirup 96

Rahm 12

Riemerschmid 38

Rohmilch 14f., 111

Rum 40

Sahne 26, 32, 106f.,
112

Sauermilch 111

Säuregehalt 20

Shaker 86

Sherry 40

Sirup 26, 38, 68, 74,
82, 90, 96

Speisequark 111f.

Sterilisieren 13, 15,
108, 112

Ultrahocherhitzen
13, 15, 108, 112

Vitamine 14, 112

Vorzugsmilch 14f.,
111

Whisky 40

Zuckerrand 68